INVENTAIRE
V 53 650

NOUVELLES
TABLES GÉNÉRALES

ET

TABLEAUX

De Comptabilité pratique et simplifiée,

Pour le commerce, la banque et toute sorte de personnes, donnant les intérêts de tous les capitaux pour tous les jours de l'année, à cinq taux différens, et à trois taux pour l'intérêt composé jusqu'à 30 ans ; ainsi que le décompte de tout revenu ou traitement, dans la proportion du temps et suivant les quatre modes ; suivis d'un double modèle de comptes courans portant intérêt, d'après la méthode ordinaire et la nouvelle dite *à rebours* ; d'une méthode pour obtenir l'échéance commune sur plusieurs échéances de différentes sommes, n'importe lesquelles ; d'une autre méthode pour effectuer la règle de société ou de répartition, sans règle de trois ou de proportion ; et d'un avis sur le système décimal, propre à son application pure et simple.

Ouvrage utile au Commerce et à l'Industrie, aux Fonctionnaires publics, Gens d'affaires et même simples particuliers ; mis à la portée de tout le monde par la facilité de ses procédés variés, utiles et amusans.

Par Aug^te Teiſsier,

NÉGOCIANT À SAINT-AMBROIX (Gard).

« La comptabilité est amie des progrès
» et sœur de l'industrie. »

2 francs.

ALAIS,

P. VEIRUN, IMPRIMEUR-LIBRAIRE, GRAND'RUE.

1842.

NOUVELLES

TABLES GÉNÉRALES

ET

TABLEAUX

DE COMPTABILITÉ PRATIQUE ET SIMPLIFIÉE.

CET OUVRAGE SE VEND :

A *Alais*, chez VEIRUN, imprimeur-libraire;
A *Nismes*, chez GIRAUD, libraire;
A *Anduze*, chez MOLINIER, libraire;
A *Aubenas*, chez SOUDEIRAN, libraire;
A *Avignon*, chez PEYRI, imprimeur-libraire, rue Dorée;
Et chez l'AUTEUR, à Saint-Ambroix (*Gard*).

NOUVELLES

TABLES GÉNÉRALES

ET

TABLEAUX

De Comptabilité pratique et simplifiée,

POUR LE COMMERCE, LA BANQUE ET TOUTE SORTE DE PERSONNES, DONNANT LES INTÉRÊTS DE TOUS LES CAPITAUX POUR TOUS LES JOURS DE L'ANNÉE, A CINQ TAUX DIFFÉRENS, ET A TROIS TAUX POUR L'INTÉRÊT COMPOSÉ JUSQU'A 30 ANS; AINSI QUE LE DÉCOMPTE DE TOUT REVENU OU TRAITEMENT, DANS LA PROPORTION DU TEMPS ET SUIVANT LES QUATRE MODES USITÉS. SUIVIS DE TROIS DIFFÉRENTES MÉTHODES ET D'UN AVIS SUR LE SYSTÈME DÉCIMAL, PROPRE A SON APPLICATION PURE ET SIMPLE.

Ouvrage utile au Commerce et à l'Industrie, aux Fonctionnaires publics, Gens d'affaires et même simples particuliers ; mis à la portée de tout le monde par la facilité de ses procédés variés, utiles et amusans.

Par Aug^{te} Teissier,

NÉGOCIANT A SAINT-AMBROIX (Gard).

« La comptabilité est amie des progrès
et sœur de l'industrie. »

2 francs.

ALAIS,

P. VEIRUN, IMPRIMEUR-LIBRAIRE, GRAND'RUE.

1842.

AVIS.

Les formalités ayant été remplies, tout *contrefacteur* ou *débitant* d'édition contrefaite sera poursuivi conformément aux lois de l'état.

Nous déclarons *contrefait* tout exemplaire qui ne portera point la *signature* de l'auteur.

AVERTISSEMENT.

Le calcul des intérêts et l'intelligence des comptes courans sont encore loin d'être bien compris de la majorité de nos commerçans et des jeunes gens au sortir des écoles ou universités.

Je ne prétends pas les leur enseigner, mais seulement les aider à en prendre une connaissance plus détaillée et leur en abréger le travail, surtout pour l'intérêt simple ainsi que pour l'intérêt composé aux taux les plus usités, comme à tous les taux et pour toutes les époques. Les tables et le tableau pour le premier, de même qu'un tableau pour le second, que j'ai composés à cette fin, en sont la preuve.

Ce que je dis sur les comptes courans portant intérêt, et le double modèle que j'en donne, pourront aussi leur être de quelque utilité, ainsi qu'à toute personne de négoce ou d'industrie, dans une époque où ces sortes de comptes sont d'un usage si fréquent et si répandu.

C'est à la sollicitation de plusieurs industriels de nos contrées et de quelques amis, que je me suis décidé à propager les résultats de mes calculs au moyen de l'impression. Puissent-ils y trouver, ainsi que les personnes qui s'occupent de l'instruction de la jeunesse, et les pères de famille de celle de leurs enfans, quelques petites ressources qui tournent au profit des élèves et à l'avantage commun, afin que je n'aie aucun regret d'avoir cédé à leurs instances.

Il suffit de connaître un peu sa troisième règle et savoir faire une multiplication de nombres entiers, pour effectuer sans effort ni difficulté tous les calculs essentiels du petit ouvrage que j'offre aujourd'hui à mes concitoyens et au pays.

S'il peut leur être de quelque secours, et qu'ils daignent l'accueillir avec indulgence, comme faible produit des momens perdus d'un petit négociant, qui manque de temps et de moyens pour mieux faire et mieux mériter d'eux, et plus, enfin, ami de la science et de son pays, que capable de les hono-rer par ses connaissances et ses travaux imparfaits; si, dis-je, on veut bien agréer cet essai comme une marque de son dévoûment à leur être agréable, la reconnaissance de l'auteur égalera ce même dévoûment, et sera l'effet de sa plus douce récompense.

AVANT-PROPOS.

Les tables générales donnant les intérêts de tous les capitaux par une courte multiplication, et pour tous les jours de l'année à cinq taux différens, donnent aussi des moyens fort simples pour les obtenir à tous les taux, et des *facteurs* pour trouver d'une façon expéditive, sûre et facile, le décompte ou la partie proportionnelle d'un capital, eu égard au temps couru ou à courir au sujet de *gages*, *loyers*, *revenus*, *traitemens*, etc., par mois, trimestre, semestre et par an.

Tous les *facteurs* des tables et des tableaux donnent encore les intérêts d'un, de dix, de cent, de mille et même de dix mille francs, pour tous les jours et toutes les époques, sans faire aucune opération, comme il sera expliqué au Chapitre IV, en sorte qu'il suffira de savoir ajouter ou faire une très-courte addition pour avoir les intérêts de tout autre nombre.

J'ai composé les *facteurs* généraux pour l'intérêt simple, de même que ceux du tableau d'intérêt composé, sans aucune fraction ordinaire, et n'offrant que des nombres entiers; ce qui m'a paru plus commode pour le commun des calculateurs. Si l'on m'objectait qu'ils ne peuvent être, en général, d'une exactitude rigoureuse, je répondrais qu'ils le sont, toutefois, d'une manière suffisante en pratique et en toute opération, comme on s'en convaincra aisément. Tous les *facteurs* du 4 1/2 simples sont rigoureux, tous ceux du 6 p. 0/0 dont le temps est divisible par trois, le sont aussi.

On entend ici par *facteur* tout nombre qui en multiplie un autre ou qui en est multiplié, et qui renferme, d'ailleurs, une valeur ralative ou déterminée.

Le tableau qui suit immédiatement les tables générales contient les *facteurs*, rigoureusement exacts, de tous les mois et demi-mois de l'année, formant vingt-quatre parties égales, pour trouver les intérêts de chaque partie comme de plusieurs parties réunies, au moyen d'une seule et petite opération, et comme ceux des tables, pour un, dix, cent francs, etc., sans en faire aucune.

Les *facteurs* de ce petit tableau devront être d'une application générale et constante, vu le grand nombre d'affaires dans les prêts et le commerce, qui se traitent et se règlent aux diverses époques ou fractions d'année qui y sont exposées.

Mon but, en le composant, a été de réunir dans une seule page les époques les plus ordinaires des règlemens de toute nature, d'épargner la peine à mes lecteurs de convertir les mois en jours, et de recourir ensuite aux tables.

Le second tableau, petit et fort simple, pour les intérêts composés, donne également par une seule multiplication, et pour un, dix, cent francs, etc., sans aucune opération, l'intérêt composé, année par année et pour plusieurs années réunies, jusqu'à trente ans, à trois taux différens, pour servir aux comptes de tutelle et autres réglemens de comptes négligés ou arriérés que l'usage et la loi permettent de régler ainsi. Les *facteurs* de ce tableau en résolvent les intérêts d'une manière aussi prompte que facile, et offrent une grande économie de temps, de travail et de contention d'esprit.

Le modèle de comptes courans ordinaires avec intérêt, suivi du même compte, d'après la méthode dite à *rebours*, est précédé d'une explication propre à tous les deux, d'instructions, principes et exemples d'application, afin de mettre toute personne tant soit peu intelligente à même d'en établir, et vérifier l'exactitude ou l'inexactitude de ceux qui lui seront transmis par des correspondans ou liés d'affaires.

Vient ensuite une méthode avec un double exemple pour avoir l'échéance commune sur plusieurs échéances, n'importe le nombre. Son application aura lieu dans toute liquidation d'intérêts ou d'escomptes, sur plusieurs capitaux qu'on voudra ramener à une seule et même échéance, dans les réglemens de comptes, traites, billets, etc.

Suit une autre méthode pour effectuer toute règle de société sans faire aucune règle de trois ou de proportion.

Un avis sur le système décimal et propre à son adoption termine l'ouvrage. — Je le soumets et le confie aux réflexions de nos industriels et commerçans, pour sa meilleure ou moins mauvaise fortune.

EXPLICATION DES TABLES GÉNÉRALES.

La colonne intitulée *Jours*, contient le nombre de jours pour lequel on désire obtenir l'intérêt ou l'escompte à l'un des cinq taux exprimés en tête des tables.

Les cinq colonnes qui suivent celle des jours, désignées par *Facteurs* du 4, *Facteurs* du 4 1/2, *Facteurs* du 5, etc., indiquent les nombres ou facteurs par lesquels on doit multiplier toute somme ou tout capital dont on veut connaître l'intérêt, ou la partie dans la proportion du temps s'il s'agit de gages, loyers, revenus, etc.; ou encore la partie proportionnelle d'une somme donnant les intérêts à tous les taux, n'importe lequel ni le temps.

CHAPITRE PREMIER.

Des Facteurs 4 p. 0/0 l'an.

Au moyen des facteurs 4 p. 0/0, outre l'intérêt à ce taux qu'on obtient par une seule et courte opération, on l'aura également à tous les taux, ainsi que le décompte ou la partie d'un capital dans la proportion du temps, sans division ni règle de proportion.

Un ou deux exemples suffiront pour éclaircir ce qui précède relativement aux intérêts.

PREMIER EXEMPLE.

Supposons 650 fr. dont on veut connaître l'intérêt pour 105 jours, à 4 p. 0/0 par an.

Multipliez cette somme par le facteur 4 p. 0/0, correspondant à 105 jours, qui est 1167, et vous aurez 7 fr. 58 c. (plus 550 millièmes ou trois décimales que vous négligerez), pour l'intérêt de la somme et du temps convenus.

Dans toutes les opérations d'intérêt par nos facteurs généraux, on aura trois chiffres à retrancher ou à négliger, et cinq s'il y a des centimes au capital sur lequel on aura opéré. Mais vu leur peu

d'importance, on pourra se dispenser de comprendre les centimes dans le calcul des intérêts,
comme on le pratique ordinairement.

Intérêts à tous les taux.

Prenez le quart de la somme sur laquelle vous
désirez obtenir l'intérêt, n'importe le taux, multipliez ce quart par le facteur 4 p. 0/0, correspondant
au nombre de jours donné, vous aurez au produit
de cette opération la partie proportionnelle à multiplier simplement par le taux de l'intérêt convenu.

DEUXIÈME EXEMPLE.

Soit proposé 3,488 fr. dont on veut savoir les
intérêts à tout taux quelconque pour 270 jours.

Le quart de ce capital est 872 que je multiplie
par 3000 (ou simplement par 3 en raison des trois
décimales à négliger), facteur correspondant à 270
jours, et je trouve au produit 2616 pour la partie
proportionnelle, qui, multipliée à tous les taux
imaginables, 3, 3 1/2, 4 3/4, 5 1/4 par an, n'importe
lesquels enfin, donne les intérêts pour l'entière
somme, 3,488 fr., et le même temps, 270 jours, en
francs et centimes sans aucun reste, puisque nous
l'avons retranché dans l'opération primitive.

La moitié du capital multiplié par la moitié du
facteur, donne également la partie proportionnelle.
Le double du même capital, par le facteur 5 p. 0/0,
la donne aussi avec une décimale de plus au

produit : et par suite les intérêts à tous les taux.

On peut faire des épreuves trop aisément sur les 4, 4 1/2, 5, etc., des tables, à l'occasion de ce facile problème, c'est pourquoi je me dispense de donner le détail de ces petites opérations, plus amusantes que pénibles. Je ferai seulement observer que si le quart ou la moitié de la somme ou du capital contient des décimes, on retranchera un chiffre de plus au produit de la première opération, et deux s'il vient des centimes qu'on peut au reste négliger en principe, d'après ce que nous avons dit plus haut. De plus, que la partie proportionnelle donnant les intérêts à tous les taux n'est autre chose que leur obtention à un pour cent ou leur réduction à l'unité. Donc en la multipliant par tout autre taux, elle donne également ses intérêts; ce qui est évident.

Et c'est ainsi que la multiplication de 2616 ou 26 fr. 16 cent. (trouvés dans notre exemple pour la partie proportionnelle ou l'intérêt à un pour cent sur le capital et le temps donnés) par 5 1/2 ou 5 fr. 5o c., donne 143 fr. 88 c. pour les intérêts de ce taux, et que l'opération du capital 3,488 fr. par le facteur 5 1/2 de 270 jours, qui est 4125, offre le même résultat.

Le sixième d'une somme quelconque multiplié par le sixième du temps, ainsi que son douzième par le tiers du même temps, donnent encore au produit l'intérêt à 1 p. 0/0; ensuite à tous les taux sans le secours d'aucun facteur.

CHAPITRE II.

Gages, Loyers, Revenus, Traitemens par mois, trimestre, semestre et par an.

Nos mêmes facteurs, 4 p. 0/0 par an, servent aussi à obtenir le décompte de tout revenu mensuel, trimestriel, semestriel et annuel, dans la proportion du temps.

On obtient le décompte du revenu mensuel en multipliant le triple de la somme par les facteurs.

PREMIER EXEMPLE.

Soit 165 fr. par mois, sur laquelle somme on désire avoir le décompte pour 18 jours.

Triplez ce traitement, ce qui fait 495, que vous multipliez simplement par le facteur 200, correspondant à 18 jours, 1re *table*, et vous trouvez au résultat 99 fr., pour la partie ou le décompte cherché.

Dans ces nouvelles opérations on n'a que le dernier chiffre à droite ou une seule décimale à négliger, et trois si le capital a des centimes.

Il suffit de multiplier la somme du revenu trimestriel par les mêmes facteurs, pour en avoir le décompte à un temps donné.

DEUXIÈME EXEMPLE.

Soit 325 fr. par trimestre, qu'on veut décompter ou savoir sa réduction pour 50 jours.

Multipliez cette somme par 556, facteur qui répond aux 50 jours, et vous aurez 180 fr. 70 c. pour le produit net du décompte désiré.

Pour obtenir la réduction des revenus ou traitemens par six mois, on n'a qu'à multiplier leur moitié par le facteur correspondant au nombre de jours sur lequel on désire opérer.

TROISIÈME EXEMPLE.

Soit le revenu de 225 fr. par semestre qu'on veut régler dans 108 jours.

Cherchez le facteur 1200 qui répond à 108 jours, multipliez-le par 112 5 qui est la moitié du revenu, et vous aurez au produit 135 fr. pour ce règlement.

La demie du capital ayant donné des décimes, nous avons un chiffre de plus à retrancher, soit quatre zéros, dont deux tiennent la place des centimes.

Le décompte, enfin, du revenu annuel, s'obtient en multipliant son quart par nos mêmes facteurs 4 p. 0/0. Le produit de l'opération sera la partie du capital dans la proportion du temps.

QUATRIÈME EXEMPLE.

Soit donc supposé 1,800 fr. par an, combien pour 234 jours ?

Multipliez le quart du revenu qui est 450, par 2600, facteur du nombre de jours donnés, vous aurez en somme 1,170 fr. pour le produit net de 234 jours et du décompte cherché.

Pour vérifier l'exactitude des opérations de ce genre, multipliez le tiers du revenu mensuel par les jours, ou le capital par le tiers des jours, et vous aurez son décompte au produit.

Le tiers du revenu trimestriel multiplié aussi par le tiers des jours, ou la somme entière par leur neuvième, donne également le décompte désiré.

Le tiers encore du capital par le sixième des jours ainsi que par les facteurs 6 p. 0/0, donne celui de six mois; et le sixième, enfin, du même capital, multiplié par le sixième aussi des jours ou les mêmes facteurs du six, donne au produit le décompte du revenu annuel.

En procédant ainsi, on aura soin d'ajouter un zéro à la droite de la somme du revenu ou traitement donné, pour obtenir son décompte en francs et centimes, sans aucun reste au produit. (Observant que par les facteurs du six tout sera conforme aux opérations par ceux du quatre.)

Mais si le capital contient des centimes, l'emploi du zéro ne sera pas nécessaire, et on aura même une décimale à négliger au décompte obtenu.

Tels sont les résultats utiles que l'on obtient sans effort par l'emploi de nos facteurs 4 p. 0/0.

Il suffit, comme je l'ai observé ailleurs, de savoir faire une courte multiplication, pour résoudre en

même temps plusieurs questions difficiles à une
infinité de personnes, et moins pénibles que ré-
créatives pour l'esprit.

CHAPITRE III.

Intérêts à 4 1/2, 5, 5 1/2 et 6 p. 0/0 par an.

A l'aide des principes et exemples démontrés
ci-derrière, on voit assez qu'on peut résoudre toute
sorte d'intérêts sans le secours des nouveaux facteurs aux taux précités; mais comme ils les donnent
aussi par une seule opération, et qu'ils sont encore
plus usités dans nos contrées que le 4 p. 0/0, ils
seront sans doute plus fréquemment employés, et
serviront à vérifier, l'une par l'autre, l'exactitude ou
non des opérations.

Leur marche, au reste, étant en tout conforme
à celle du 4 p. 0/0, un seul et même exemple suffira
pour les quatre nouveaux taux, et pour faire connaître l'exactitude des facteurs et des résultats
entr'eux.

EXEMPLE UNIQUE.

Soit le capital de 1,250 fr., dont on veut savoir
l'intérêt pour 225 jours à 4 1/2 p. 0/0 l'an, ainsi
qu'aux 5, 5 1/2 et 6 p. 0/0.

3

Cherchez d'abord le facteur du 4 1/2 qui répond au nombre de jours donné, dans les *tables générales*, 2^{mc} colonne des facteurs, qui est 2812 5 (rigoureux), vous aurez au produit de sa multiplication par le capital, 35 fr. 15 c., plus 6250 millièmes que nous sommes convenus d'abandonner.

Cette opération a donné une décimale de plus à cause de celle que contient le facteur; il en sera de même pour tous ceux qui ont cette décimale.

Si pour la preuve j'ajoute le neuvième aux intérêts du 4 1/2, je les obtiens au 5, soit 39 06. Ajoutant à ce dernier produit son dixième (ce qui revient aux mêmes chiffres, moins le dernier, avancés d'un, c'est à dire à poser le 3 sous le 9, et ainsi des autres deux), on aura 42 fr. 96 c. pour ceux du 5 1/2; ajoutez enfin le cinquième au produit du 5 également, et vous aurez 46 fr. 87 c. pour celui du 6; toujours du même capital 1,250 fr. pour 225 jours.

On aura les mêmes résultats en procédant sur chacun des facteurs respectifs. Ainsi se vérifient leur exactitude au moyen des parties aliquotes, et de leur multiplication par le capital donné, suivant le même nombre de jours sur lequel on veut opérer, pour les personnes surtout qui aiment à s'exercer et se convaincre de différentes manières.

Ils sauront encore, ceux qui n'en ont déjà connaissance, que le douzième d'une somme, multiplié par les jours, ou son quart par le tiers, ou sa moitié par leur sixième, ainsi que par nos facteurs du 6, donne l'intérêt de cette somme à

3 p. 0/0 l'an. Le produit de ce dernier et son sixième le donnent au 3 1/2. Que le neuvième de tout capital multiplié par les jours, ou son tiers multiplié par le tiers des mêmes jours donnés, l'obtient au 4; que son huitième par les mêmes jours, ou son quart par la moitié de ces derniers, le donne à 4 1/2; que son douzième par le sixième des jours, et par nos facteurs du 6, le donne au 5 (ajouter son dixième, comme plus haut, pour l'avoir à 5 1/2); que toute somme multipliée par le sixième des jours convenus, ou sa moitié par leur tiers, le donnera à 6 p. 0/0 par an.

On n'aura qu'une décimale de trop dans ces sortes d'opérations, à l'exception de celles effectuées par nos facteurs, et aucun reste pour celle du 5, au moyen du douzième de la somme par le sixième des jours.

Le tiers des intérêts au 3 p. 0/0, le quart de ceux du 4, le cinquième du produit du 5, et le sixième de celui du 6 p. 0/0 par an, multipliés par tout autre taux, donnent également ses intérêts, c'est à dire à tous les taux.

Le huitième, le quart, les trois huitièmes, etc., pour cent, que prennent souvent en sus les banquiers ou prêteurs, ne changent rien aux principes démontrés. On les obtient séparément. Le 1/8 ou 0,12 c. 5 p. 0/0, le 1/4 ou 25 c., les 3/8 ou 0, 37 c. 5 p. 0/0, reviennent au même; ce qu'on trouve assez facilement de mémoire.

CHAPITRE IV.

De tous les facteurs généraux.

Tous nos facteurs représentent les intérêts d'un, de dix, de cent, de mille et de dix mille francs, pour tous les jours de l'année et pour chaque jour en particulier. On n'a donc point d'opération à faire pour avoir les intérêts des sommes précitées à l'un des cinq taux marqués en tête des tables et du tableau qui les suit. On les a pour un franc en séparant trois chiffres à droite des facteurs (ceux qui n'en ont pas davantage ne donnent que des millièmes pour un franc), pour dix francs il faut en retrancher deux; pour cent francs, négligez seulement le dernier. Ils les donnent pour mille francs sans aucun reste, en francs et centimes; et enfin, pour dix mille francs, en francs et décimes, un zéro de plus au facteur formera les centimes. Aucun calcul à faire, dis-je, pour obtenir les intérêts de ces cinq nombres, quel que soit le temps donné.

Ainsi l'intérêt d'un franc pour 150 jours, à 6 p. 0/0 l'an, n'offre que 2 cent. 500 millièmes; nous avons 25 c. pour celui de 10 fr.; 2 fr. 50 c. pour l'intérêt de 100 fr.; 25 fr. pour celui de 1,000 fr.; et 250 fr.

pour le capital de 10,000 fr., toujours à 6 p. 0/0. — Voyez le facteur du 6 correspondant à 150 jours, dans nos *tables générales*, et procédez ainsi sur tous les autres, suivant le taux et le temps convenus.

Mais pour ceux encore qui trouvent du plaisir à s'exercer et à connaître divers moyens d'opérer les calculs, en voici quelques jeux qui pourront servir à abréger certaines opérations, ainsi qu'à leurs preuves.

On concevra aisément par ce qui est dit plus haut, que pour les capitaux ou nombres ronds de 2,000, 3,000, 5,000, etc., il suffit de multiplier les facteurs par 2, par 3, par 5, etc., pour en obtenir les intérêts, n'importe le temps, depuis le premier jusqu'au dernier jour de l'année, sans rien négliger aux produits; de même que ceux de 200, 300, 400, etc., en négligeant le dernier chiffre à droite de ces petites opérations; de même encore que ceux de 20, 30, 50, etc., en négligeant les deux derniers.

Mais le huitième des facteurs les donne aussi pour 1,250 fr., en francs et décimes; pour 125 fr. sans rien négliger, en francs et centimes; pour 12 fr. 50 c., en retranchant le dernier chiffre; et pour 1 fr. 25 c., en séparant les deux derniers à droite du huitième obtenu.

Le cinquième des mêmes facteurs donne les intérêts de 2,000, de 200, de 20 et de 2 francs, dans le même ordre. Il suffit d'en prendre le quart pour les avoir à 2,500, 250, 25 et 2 fr. 50 c. Prenez-en la moitié, et vous les obtiendrez pour 5,000,

500, 50 et pour 5 fr. : ajoutant la moitié de cette moitié, ce qui revient aux trois quarts du facteur sur lequel on opère, vous les aurez pour 7,500, 750, 75 et 7 fr. 50 cent., en suivant toujours le principe de ne rien négliger dans les deux premiers cas, un chiffre au troisième et deux au quatrième, sans oublier qu'au premier tous les chiffres sont des francs, excepté le dernier à droite.

Si vous ajoutez le huitième au facteur, il vous les donnera pour 11,250, 1,125, 112 50 et 11 fr. 25 cent. Ajoutez-y son cinquième, vous les aurez pour 12,000, 1,200, 120 et 12 fr. Le quart en sus du facteur vous les donnera pour 12,500, 1,250, 125 et 12 fr. 50 cent. Tout facteur et sa moitié vous les donneront pour 15,000, 1500, 150 et 15 fr. Ajoutez encore la demie de cette moitié ou les trois quarts au facteur, vous les obtiendrez, enfin, pour 17,500, 1,750, 175 et 17 fr. 50 c. au total, toujours dans le même ordre établi plus haut.

On aura la décimale 5 de plus à retrancher sur les facteurs 4 1/2 et 5 1/2 qui la contiennent, parce qu'ils sont de toute exactitude et donnent les intérêts rigoureux jusqu'à dix mille francs, sans rien négliger ni ajouter pour les avoir à ce dernier nombre en francs et centimes.

Il suffirait donc de savoir prendre la moitié, le quart, le cinquième d'un nombre pour obtenir les intérêts de tous les capitaux, au moyen de nos facteurs et d'une petite addition.

Supposons, par exemple, 1,480 fr. pour 267

jours, à 6 p. 0/0 l'an. Trouvant dans les tables 4450 pour le facteur du nombre de jours donné, ou 44 fr. 50 cent. pour l'intérêt de 1,000 fr., j'en tire le cinquième, soit 8 fr. 90 cent. pour 200 fr., que je double par la pensée, et j'ai 17 fr. 80 cent. pour les 400 fr. L'intérêt de ce dernier nombre représente celui de 40 fr. en négligeant le dernier chiffre, comme nous l'avons vu dans celui de 200 fr. pour 20, soit 1 fr. 78 cent. que je double également, et j'obtiens 3 fr. 56 cent. pour l'intérêt de 80 fr. Fesant, enfin, la somme ou l'addition des trois nombres 44 50, 17 80 et 3 56, je trouve 65 fr. 86 cent. pour l'intérêt ou l'escompte de 1,480 fr., comme en multipliant ce capital par le facteur 6 pour cent.

On aurait encore le même résultat, en posant l'intérêt de mille francs, ensuite multipliant celui de cent francs par quatre, et puis celui de dix francs par huit, d'après ce qui est dit ci-devant. Les trois nombres à réunir seraient exactement les mêmes obtenus. Mais je ne crains pas d'affirmer que le plus souvent les opérations de ce genre seront infiniment plus simples que celle assez compliquée que nous venons d'effectuer.

On pourrait pousser plus loin ces recherches d'abréviation, mais comme on n'aura jamais de longue opération à faire, cela deviendrait superflu pour la fin de mes calculs, destinés à épargner de la peine et du temps à qui voudra bien en profiter, et ne pas les condamner sans m'entendre.

CHAPITRE V.

Intérêts par mois et demi-mois.

Les facteurs du tableau en suite des tables générales donnent les intérêts aux cinq mêmes taux de ces dernières, pour tous les quinze jours de l'année, ou vingt-quatre époques différentes, composant l'année d'usage ou commerciale, et les résolvent pour toutes ces époques par une seule et courte opération, en multipliant la somme ou le capital donné par le facteur correspondant au nombre de mois ou demi-mois pour lequel on veut les obtenir.

La plus grande partie des facteurs de ce petit tableau, à l'exception de la dernière colonne 6 p. 0/0, contiennent de petites fractions résultant de leur combinaison rigoureuse, mais qu'on peut se dispenser d'employer dans les opérations, en observant toutefois d'augmenter le dernier chiffre à droite du facteur nombre entier d'une unité, quand le premier terme de la fraction négligée dépassera la moitié du second, comme 2/3, 5/6, les seules qui donnent lieu dans nos facteurs à l'addition de l'unité. On aura les résultats de rigueur en les employant tels qu'ils sont exprimés avec leurs fractions respectives.

EXEMPLE.

Soit 7,500 fr., dont on veut connaître les intérêts pour huit mois et demi, à 5 p. 0/0 par an.

Cherchez le facteur du 5 correspondant à huit mois et demi, 3me colonne des facteurs, qui est 3541 2/3 ou 3542, en négligeant la fraction : multipliez-le par la somme donnée, vous aurez au produit 265 fr. 65 c. pour les intérêts cherchés.

Le facteur rigoureux donne deux centimes de moins environ, ce qui ne vaut pas la peine sur une somme déjà assez majeure.

Le même capital, 7,500 fr., pour le même temps, à 5 1/2 p. 0/0, multiplié par son facteur 3895 5/6 ou 3896 qui suit le précédent, donne 292 fr. 20 c. pour les intérêts au dernier taux : et par le facteur exact un centime de moins. On voit que la différence est encore plus modique à ce dernier résultat.

Quant aux facteurs qui n'ont que des demies, on peut à volonté les négliger, ou prendre la moitié du capital en opérant, ce qui n'est guère plus long ni plus difficile, et donne l'exact rigoureux, qu'on aura de même en convertissant la demie en décimale, soit en mettant 5 à sa place, et considérant celui-ci comme partie du nombre entier en fesant l'opération. (*Voyez* les facteurs du 4 1/2 dans les tables.) Dans ce cas on aura un chiffre de plus à retrancher au produit, c'est-à-dire quatre décimales au lieu de trois, comme aux tables.

Mais si l'on retranche, en posant l'opération, les zéros à droite des capitaux ou des facteurs, lorsqu'il s'y en trouve, on aura autant de décimales de moins à négliger au total qu'on aura retranché de zéros d'une ou d'autre part. Toutefois, pour la régularité des résultats, on n'en retranchera que trois avant d'opérer, quoiqu'il y en ait davantage. Tous les facteurs du 6 en ont un; la moitié en a deux, d'autres en ont trois, qu'on peut retrancher sans difficulté, en posant la multiplication à exécuter, ce qui la rendra plus simple et plus briève.

Les facteurs du tableau représentent, comme ceux des tables, les intérêts d'un, de dix, de cent, de mille et de dix mille francs, pour le temps qui leur correspond. Donc, ce qui a été dit relativement aux abréviations et jeux de calcul, pour les intérêts de certaines sommes, s'applique aux facteurs de ce tableau, comme il est facile de le vérifier, ainsi que leur exactitude par les moyens donnés en leur lieu.

CHAPITRE VI.

Intérêts composés.

Au moyen des facteurs du tableau pour les intérêts composés, à 4, 4 1/2 et 5 p. 0/0, on les obtiendra en multipliant simplement tout capital ou une somme quelconque par le facteur correspondant au nombre d'années pour lequel on voudra les obtenir.

Les exemples suivans tiendront lieu d'explication à ce nouveau tableau, conforme d'ailleurs, dans sa marche par années, à celle de nos tables générales par jours, et du précédent tableau par mois et demi-mois.

PREMIER EXEMPLE (4 pour cent composé).

Soit 550 fr. dont on veut savoir les intérêts composés pour dix ans à 4 p. 0/0 par an.

Multipliez le facteur de dix ans, 48024, par le capital 550, vous aurez au produit de cette opération 264 fr. 13 c., plus 200 millièmes ou trois décimales à retrancher, comme nous l'avons pratiqué sur l'intérêt simple. Cette dernière somme sera les intérêts composés de dix ans, du capital donné, à 4 p. 0/0 l'an.

Au cas de fraction d'année en sus du temps dont on connaît les intérêts, on ajoutera leur somme à celle du capital (ce qui donnerait pour notre exemple le total de 814 fr. 13 c.), et on multipliera le tout, en négligeant les centimes s'il en vient, par le facteur 4 p. 0/0 des tables générales, correspondant au nombre des jours trouvés en sus des ans supputés.

Petite opération, enfin, d'intérêt simple, qu'on peut résoudre encore par les facteurs des mois et demi-mois si le temps y répond.

DEUXIÈME EXEMPLE (4 1/2 pour cent composé).

Soit 675 fr. pour dix-huit ans, à 4 1/2 p. 0/0 par an.

Multipliez le facteur 120847 qui répond à dix-huit ans, 2ᵐᵉ colonne des facteurs, par le capital donné, vous aurez au produit 815 fr. 71 c., plus trois décimales à négliger, pour le montant des intérêts cherchés, que vous joindrez au capital en règlement, et pour opérer de nouveau, au cas de fraction d'année, par le facteur des tables ou du tableau d'intérêt simple, d'après le temps écoulé en sus de dix-huit ans.

TROISIÈME EXEMPLE (5 pour cent composé).

Soit 12,500 francs pendant huit ans ; combien d'intérêt ?

Multipliez le facteur du tableau 47745, 3ᵐᵉ colonne des facteurs 5 p. 0/0 correspondant à huit ans, par le capital, le produit de cette opération vous donnera 5,968 fr. 12 c. 5, pour le total des intérêts sur la somme et le temps donnés.

Procédez comme plus haut, au cas de règlement final, ou de partie d'année à supputer en sus de huit ans.

Les facteurs de ce tableau donnent, comme les précédens, les intérêts d'un, de dix, de cent, de mille et dix mille francs, pour tous les ans qui leur correspondent. Conséquemment, ce qui est dit en son lieu concernant les abréviations pour obte-nir les intérêts de divers capitaux, s'applique éga-lement aux facteurs d'intérêts composés, sur notre second tableau, comme on peut s'en convaincre.

L'intérêt composé de mille francs, joint à ce capital, opération qui consiste simplement à poser 1 à la gauche de tout facteur du tableau qui ne dépasse pas le nombre de cinq chiffres, ou à augmenter de la même unité le premier chiffre également à gauche des facteurs qui en contiennent six (ce qui n'a pas lieu avant quinze ans), forme, sans autre calcul, un nouveau facteur qui, multiplié par le capital en règlement, donne au produit, et tout à la fois, ce même capital avec son intérêt composé : et conséquemment vérifie les opérations de cette nature, comme celles de nos trois exemples.

C'est ainsi que les 12,500 fr. du dernier, multi-pliés par le nouveau facteur 147745, formé du capital mille francs et de son intérêt composé de huit ans, d'après ce qui vient d'être dit, produisent en somme 18,468 fr. 12 c., égal à 12,500 fr., plus les intérêts de huit ans de cette somme, qui sont 5,968 fr. 12 c.

Au moyen de cet ingénieux et facile mécanisme, on connaîtra, par une seule opération, quelle somme on doit recevoir ou donner présentement, pour former un capital quelconque à une époque déterminée, en divisant ce capital par le facteur du temps fixé, et modifié comme ci-dessus.

EXEMPLE.

Une personne désire contracter un engagement de 6,000 francs, pour s'en libérer dans dix ans : quelle somme doit-elle recevoir aujourd'hui pour payer ce capital au terme convenu, compris l'intérêt composé à 5 p. 0/0 l'an?

Le facteur de dix ans, 5 p. 0/0 composé, est 62889 ou 162889, en ajoutant l'unité à gauche pour former le nouveau facteur, qui représente le capital de 1,000 francs et son intérêt composé de dix ans, comme celui de 6,000 fr. renferme la somme à recevoir et son intérêt pour le même temps; divisez les 6,000 fr. de l'engagement susdit par le facteur modifié 162889, en supposant au dividende le nombre de zéros nécessaire pour avoir le résultat à un degré d'exactitude satisfaisant; vous aurez au quotient 3,683 fr. 49 c., pour la somme à donner ou à recevoir au moment du contrat.

Pour ceux qui font des placemens d'économie ou de prévoyance, dans certains établissemens constitués pour cela, ou de toute autre manière, ils pourront supputer à l'avance, avec autant de précision que de facilité, le fruit ou le produit de leurs épargnes, en opérant de la même façon qu'aux trois exemples cités plus haut, et comme sur une créance ordinaire.

On n'aura pas manqué d'observer, qu'outre les

décimales négligées à droite du produit de 'chaque opération, les deux chiffres qui les précèdent immédiatement ne sont que des centimes ou en tiennent toujours la place : tous ceux à gauche sont des francs.

A la faveur des intérêts composés, tout capital placé à

4 p. 0/0 l'an, double en 17 ans 8 mois 1 jour.
4 1/2   —   15   8   28
5   —   14   2   14

J'ai cru devoir supprimer les 5 1/2 et 6 p. 0/0, pour les intérêts composés, pensant avec la majorité, que leur emploi serait à peu près nul, et qu'on ne doit pas dépasser le cinq dans tout compte ou toute créance qui a pour but les règlemens annuels, et pour principe le mérite d'une bonne administration, probe et sans reproche.

Ceux, néanmoins, qui voudraient passer outre; pourraient se contenter d'ajouter le dixième au produit du 5 pour l'avoir à 5 1/2, ou le cinquième s'ils prétendaient l'obtenir au 6. (*Voy.* page 17, Chapitre III.)

TABLES GÉNÉRALES D'INTÉRÊTS,

Donnant, sans aucune opération, les intérêts de un, *de* dix, *de* cent, *de* mille *et de* dix mille francs, *pour tous les jours de l'année, à* 4, 4 1/2, 5, 5 1/2 *et* 6 p. 0/0 *l'an, ainsi que de tous les capitaux, par une courte multiplication.*

Jours.	Fact. du 4.	Fact. du 4 ½.	Fact. du 5.	Fact. du 5 ½.	Fact. du 6.
1	11	12 5	14	15	17
2	22	25	28	31	33
3	33	37 5	42	46	50
4	44	50	56	61	67
5	56	62 5	69	76	83
6	67	75	83	92	100
7	78	87 5	97	107	117
8	89	100	111	122	133
9	100	112 5	125	137 5	150
10	111	125	139	153	167
11	122	137 5	153	168	183
12	133	150	167	183	200
13	144	162 5	181	199	217
14	156	175	194	214	233
15	167	187 5	208	229	250
16	178	200	222	244	267
17	189	212 5	236	260	283
18	200	225	250	275	300
19	211	237 5	264	290	317
20	222	250	278	306	333
21	233	262 5	292	321	350
22	244	275	306	336	367
23	256	287 5	319	351	383
24	267	300	333	367	400
25	278	312 5	347	382	417
26	289	325	361	397	433
27	300	337 5	375	412 5	450
28	311	350	389	428	467
29	322	362 5	403	443	483
30	333	375	417	458	500

Jours.	Fact. du 4.	Fact. du 4 ½.	Fact. du 5.	Fact. du 5 ½.	Fact. du 6.
31	544	587 5	451	474	517
32	556	400	444	489	533
33	567	412 5	458	504	550
34	578	425	472	519	567
35	589	437 5	486	535	583
36	400	450	500	540	600
37	411	462 5	514	565	617
38	422	475	528	581	633
39	433	487 5	542	596	650
40	444	500	556	611	667
41	456	512 5	569	626	683
42	467	525	583	642	700
43	478	537 5	597	657	717
44	489	550	611	672	733
45	500	562 5	625	687 5	750
46	511	575	639	705	767
47	522	587 5	653	718	783
48	533	600	667	733	800
49	544	612 5	681	749	817
50	556	625	694	764	833
51	567	637 5	708	779	850
52	578	650	722	794	867
53	589	662 5	736	810	883
54	600	675	750	825	900
55	611	687 5	764	840	917
56	622	700	778	856	933
57	633	712 5	792	871	950
58	644	725	806	886	967
59	656	737 5	819	901	983
60	667	750	833	917	1000
61	678	762 5	847	932	1017
62	689	775	861	947	1033
63	700	787 5	875	962 5	1050
64	711	800	889	978	1067
65	722	812 5	903	995	1083
66	733	825	917	1008	1100
67	744	837 5	931	1024	1117
68	756	850	944	1039	1133
69	767	862 5	958	1054	1150

Jours.	Fact. du 4.	Fact. du 4 ½.	Fact. du 5.	Fact. du 5 ½.	Fact. du 6.
70	778	875	972	1069	1167
71	789	887 5	986	1085	1183
72	800	900	1000	1100	1200
73	811	912 5	1014	1115	1217
74	822	925	1028	1131	1233
75	833	937 5	1042	1146	1250
76	844	950	1056	1161	1267
77	856	962 5	1069	1176	1283
78	867	975	1083	1192	1300
79	878	987 5	1097	1207	1317
80	889	1000	1111	1222	1333
81	900	1012 5	1125	1237 5	1350
82	911	1025	1139	1253	1367
83	922	1037 5	1153	1268	1383
84	933	1050	1167	1283	1400
85	944	1062 5	1181	1299	1417
86	956	1075	1194	1314	1433
87	967	1087 5	1208	1329	1450
88	978	1100	1222	1344	1467
89	989	1112 5	1236	1360	1483
90	1000	1125	1250	1375	1500
91	1011	1137 5	1264	1390	1517
92	1022	1150	1278	1406	1533
93	1033	1162 5	1292	1421	1550
94	1044	1175	1306	1436	1567
95	1056	1187 5	1319	1451	1583
96	1067	1200	1333	1467	1600
97	1078	1212 5	1347	1482	1617
98	1089	1225	1361	1497	1633
99	1100	1237 5	1375	1512 5	1650
100	1111	1250	1389	1528	1667
101	1122	1262 5	1403	1543	1683
102	1133	1275	1417	1558	1700
103	1144	1287 5	1431	1574	1717
104	1156	1300	1444	1589	1733
105	1167	1312 5	1458	1604	1750
106	1178	1325	1472	1619	1767
107	1189	1337 5	1486	1635	1783
108	1200	1350	1500	1650	1800

Jours.	Fact. du 4.	Fact. du 4 ½.	Fact. du 5.	Fact. du 5 ½.	Fact. du 6.
109	1211	1362.5	1514	1665	1817
110	1222	1375	1528	1681	1833
111	1233	1387.5	1542	1696	1850
112	1244	1400	1556	1711	1867
113	1256	1412.5	1569	1726	1883
114	1267	1425	1583	1742	1900
115	1278	1437.5	1597	1757	1917
116	1289	1450	1611	1772	1933
117	1300	1462.5	1625	1787.5	1950
118	1311	1475	1639	1803	1967
119	1322	1487.5	1653	1818	1983
120	1333	1500	1667	1833	2000
121	1344	1512.5	1681	1849	2017
122	1356	1525	1694	1864	2033
123	1367	1537.5	1708	1879	2050
124	1378	1550	1722	1894	2067
125	1389	1562.5	1736	1910	2083
126	1400	1575	1759	1925	2100
127	1411	1587.5	1764	1940	2117
128	1422	1600	1778	1956	2133
129	1433	1612.5	1792	1971	2150
130	1444	1625	1806	1986	2167
131	1456	1637.5	1819	2001	2183
132	1467	1650	1833	2017	2200
133	1478	1662.5	1847	2032	2217
134	1489	1675	1861	2047	2233
135	1500	1687.5	1875	2062.5	2250
136	1511	1700	1889	2078	2267
137	1522	1712.5	1903	2095	2283
138	1533	1725	1917	2108	2300
139	1544	1737.5	1931	2124	2317
140	1556	1750	1944	2139	2333
141	1567	1762.5	1958	2154	2350
142	1578	1775	1972	2169	2367
143	1589	1787.5	1986	2185	2383
144	1600	1800	2000	2200	2400
145	1611	1812.5	2014	2215	2417
146	1622	1825	2028	2231	2433
147	1633	1837.5	2042	2246	2450

Jours.	Fact. du 4.	Fact. du 4 ½.	Fact du 5.	Fact. du 5 ½	Fact. du 6.
148	1644	1850	2056	2261	2467
149	1656	1862 5	2069	2276	2483
150	1667	1875	2083	2292	2500
151	1678	1887 5	2097	2307	2517
152	1689	1900	2111	2322	2533
153	1700	1912 5	2125	2337 5	2550
154	1711	1925	2139	2353	2567
155	1722	1937 5	2153	2368	2583
156	1733	1950	2167	2383	2600
157	1744	1962 5	2181	2399	2617
158	1756	1975	2194	2414	2633
159	1767	1987 5	2208	2429	2650
160	1778	2000	2222	2444	2667
161	1789	2012 5	2236	2460	2683
162	1800	2025	2250	2475	2700
163	1811	2037 5	2264	2490	2717
164	1822	2050	2278	2506	2733
165	1833	2062 5	2292	2521	2750
166	1844	2075	2306	2536	2767
167	1856	2087 5	2319	2551	2783
168	1867	2100	2333	2567	2800
169	1878	2112 5	2347	2582	2817
170	1889	2125	2361	2597	2833
171	1900	2137 5	2375	2612 5	2850
172	1911	2150	2389	2628	2867
173	1922	2162 5	2403	2643	2883
174	1933	2175	2417	2658	2900
175	1944	2187 5	2431	2674	2917
176	1956	2200	2444	2689	2933
177	1967	2212 5	2458	2704	2950
178	1978	2225	2472	2719	2967
179	1989	2237 5	2486	2735	2983
180	2000	2250	2500	2750	3000
181	2011	2262 5	2514	2765	3017
182	2022	2275	2528	2781	3033
183	2033	2287 5	2542	2796	3050
184	2044	2300	2556	2811	3067
185	2056	2312 5	2569	2826	3083
186	2067	2325	2583	2842	3100

Jours.	Fact. du 4.	Fact. du 4 ½.	Fact. du 5.	Fact. du 5 ½.	Fact. du 6.
187	2078	2337 5	2597	2857	3117
188	2089	2350	2611	2872	3133
189	2100	2362 5	2625	2887 5	3150
190	2111	2375	2639	2903	3167
191	2122	2387 5	2653	2918	3183
192	2133	2400	2667	2933	3200
193	2144	2412 5	2681	2949	3217
194	2156	2425	2694	2964	3233
195	2167	2437 5	2708	2979	3250
196	2178	2450	2722	2994	3267
197	2189	2462 5	2736	3010	3283
198	2200	2475	2750	3025	3300
199	2211	2487 5	2764	3040	3317
200	2222	2500	2778	3056	3333
201	2233	2512 5	2792	3071	3350
202	2244	2525	2806	3086	3367
203	2256	2537 5	2819	3101	3383
204	2267	2550	2833	3117	3400
205	2278	2562 5	2847	3132	3417
206	2289	2575	2861	3147	3433
207	2300	2587 5	2875	3162 5	3450
208	2311	2600	2889	3178	3467
209	2322	2612 5	2903	3193	3483
210	2333	2625	2917	3208	3500
211	2344	2637 5	2931	3224	3517
212	2356	2650	2944	3239	3533
213	2367	2662 5	2958	3254	3550
214	2378	2675	2972	3269	3567
215	2389	2687 5	2986	3285	3583
216	2400	2700	3000	3300	3600
217	2411	2712 5	3014	3315	3617
218	2422	2725	3028	3331	3633
219	2433	2737 5	3042	3346	3650
220	2444	2750	3056	3361	3667
221	2456	2762 5	3069	3376	3683
222	2467	2775	3083	3392	3700
223	2478	2787 5	3097	3407	3717
224	2489	2800	3111	3422	3733
225	2500	2812 5	3125	3437 5	3750

Jours.	Fact. du 4.	Fact. du 4 $\frac{1}{2}$.	Fact. du 5.	Fact. du 5 $\frac{1}{2}$.	Fact. du 6.
226	2511	2825	3139	3453	3767
227	2522	2837 5	3153	3468	3783
228	2533	2850	3167	3483	3800
229	2544	2862 5	3181	3499	3817
230	2556	2875	3194	3514	3833
231	2567	2887 5	3208	3529	3850
232	2578	2900	3222	3544	3867
233	2589	2912 5	3236	3560	3883
234	2600	2925	3250	3575	3900
235	2611	2937 5	3264	3590	3917
236	2622	2950	3278	3606	3933
237	2633	2962 5	3292	3621	3950
238	2644	2975	3306	3636	3967
239	2656	2987 5	3319	3651	3983
240	2667	3000	3333	3667	4000
241	2678	3012 5	3347	3682	4017
242	2689	3025	3361	3697	4033
243	2700	3037 5	3375	3712 5	4050
244	2711	3050	3389	3728	4067
245	2722	3062 5	3403	3743	4083
246	2733	3075	3417	3758	4100
247	2744	3087 5	3431	3774	4117
248	2756	3100	3444	3789	4133
249	2767	3112 5	3458	3804	4150
250	2778	3125	3472	3819	4167
251	2789	3137 5	3486	3835	4183
252	2800	3150	3500	3850	4200
253	2811	3162 5	3514	3865	4217
254	2822	3175	3528	3881	4233
255	2833	3187 5	3542	3896	4250
256	2844	3200	3556	3911	4267
257	2856	3212 5	3569	3926	4283
258	2867	3225	3583	3942	4300
259	2878	3237 5	3597	3957	4317
260	2889	3250	3611	3972	4333
261	2900	3262 5	3625	3987 5	4350
262	2911	3275	3639	4003	4367
263	2922	3287 5	3653	4018	4383
264	2933	3300	3667	4033	4400

Jours.	Fact. du 4.	Fact. du 4 1/2.	Fact. du 5.	Fact. du 5 1/2.	Fact. du 6.
265	2944	3312 5	3681	4049	4417
266	2956	3325	3694	4064	4433
267	2967	3337 5	3708	4079	4450
268	2978	3350	3722	4094	4467
269	2989	3362 5	3736	4110	4483
270	3000	3375	3750	4125	4500
271	3011	3387 5	3764	4140	4517
272	3022	3400	3778	4156	4533
273	3033	3412 5	3792	4171	4550
274	3044	3425	3806	4186	4567
275	3056	3437 5	3819	4201	4583
276	3067	3450	3833	4217	4600
277	3078	3462 5	3847	4232	4617
278	3089	3475	3861	4247	4633
279	3100	3487 5	3875	4262 5	4650
280	3111	3500	3889	4278	4667
281	3122	3512 5	3903	4293	4683
282	3133	3525	3917	4308	4700
283	3144	3537 5	3931	4324	4717
284	3156	3550	3944	4339	4733
285	3167	3562 5	3958	4354	4750
286	3178	3575	3972	4369	4767
287	3189	3587 5	3986	4385	4783
288	3200	3600	4000	4400	4800
289	3211	3612 5	4014	4415	4817
290	3222	3625	4028	4431	4833
291	3233	3637 5	4042	4446	4850
292	3244	3650	4056	4461	4867
293	3256	3662 5	4069	4476	4883
294	3267	3675	4083	4492	4900
295	3278	3687 5	4097	4507	4917
296	3289	3700	4111	4522	4933
297	3300	3712 5	4125	4537 5	4950
298	3311	3725	4139	4553	4967
299	3322	3737 5	4153	4568	4983
300	3333	3750	4167	4583	5000
301	3344	3762 5	4181	4599	5017
302	3356	3775	4194	4614	5033
303	3367	3787 5	4208	4629	5050

Jours.	Fact. du 4.	Fact. du 4 ½.	Fact. du 5.	Fact. du 5 ½.	Fact. du 6.
304	3378	3800	4222	4644	5067
305	3389	3812 5	4236	4660	5083
306	3400	3825	4250	4675	5100
307	3411	3837 5	4264	4690	5117
308	3422	3850	4278	4706	5133
309	3433	3862 5	4292	4721	5150
310	3444	3875	4306	4736	5167
311	3456	3887 5	4319	4751	5183
312	3467	3900	4333	4767	5200
313	3478	3912 5	4347	4782	5217
314	3489	3925	4361	4797	5233
315	3500	3937 5	4375	4812 5	5250
316	3511	3950	4389	4828	5267
317	3522	3962 5	4403	4843	5283
318	3533	3975	4417	4858	5300
319	3544	3987 5	4431	4874	5317
320	3556	4000	4444	4889	5333
321	3567	4012 5	4458	4904	5350
322	3578	4025	4472	4919	5367
323	3589	4037 5	4486	4935	5383
324	3600	4050	4500	4950	5400
325	3611	4062 5	4514	4965	5417
326	3622	4075	4528	4981	5433
327	3633	4087 5	4542	4996	5450
328	3644	4100	4556	5011	5467
329	3656	4112 5	4569	5026	5483
330	3667	4125	4583	5042	5500
331	3678	4137 5	4597	5057	5517
332	3689	4150	4611	5072	5533
333	3700	4162 5	4625	5087 5	5550
334	3711	4175	4639	5103	5567
335	3722	4187 5	4653	5118	5583
336	3733	4200	4667	5133	5600
337	3744	4212 5	4681	5149	5617
338	3756	4225	4694	5164	5633
339	3767	4237 5	4708	5179	5650
340	3778	4250	4722	5194	5667
341	3789	4262 5	4736	5210	5683
342	3800	4275	4750	5225	5700

Jours.	Fact. du 4.	Fact. du 4 $^1/_2$.	Fact. du 5.	Fact. du 5 $^1/_2$.	Fact. du 6.
343	3811	4287 5	4764	5240	5717
344	3822	4300	4778	5256	5733
345	3833	4312 5	4792	5271	5750
346	3844	4325	4806	5286	5767
347	3856	4337 5	4819	5301	5783
348	3867	4350	4833	5317	5800
349	3878	4362 5	4847	5332	5817
350	3889	4375	4861	5347	5833
351	3900	4387 5	4875	5362 5	5850
352	3911	4400	4889	5378	5867
353	3922	4412 5	4903	5393	5883
354	3933	4425	4917	5408	5900
355	3944	4437 5	4931	5424	5917
356	3956	4450	4944	5439	5933
357	3967	4462 5	4958	5454	5950
358	3978	4475	4972	5469	5967
359	3989	4487 5	4986	5485	5983
360	4000	4500	5000	5500	6000

TABLEAU

Contenant les Facteurs de tous les mois et demi-mois de l'année, donnant les intérêts comme ceux des Tables et aux cinq mêmes taux.

Mois.	Fact. du 4.	Fact. du 4 1/2	Fact. du 5.	Fact. du 5 1/2.	Fact. du 6.
0 1/2	166 2/3	187 1/2	208 1/3	229 1/6	250
1	333 1/3	375	416 2/3	458 1/3	500
1 1/2	500	562 1/2	625	687 1/2	750
2	666 2/3	750	833 1/3	916 2/3	1000
2 1/2	833 1/3	937 1/2	1041 2/3	1145 5/6	1250
3	1000	1125	1250	1375	1500
3 1/2	1166 2/3	1312 1/2	1458 1/3	1604 1/6	1750
4	1333 1/3	1500	1666 2/3	1833 1/3	2000
4 1/2	1500	1687 1/2	1875	2062 1/2	2250
5	1666 2/3	1875	2083 1/3	2291 2/3	2500
5 1/2	1833 1/3	2062 1/2	2291 2/3	2520 5/6	2750
6	2000	2250	2500	2750	3000
6 1/2	2166 2/3	2437 1/2	2708 1/3	2979 1/6	3250
7	2333 1/3	2625	2916 2/3	3208 1/3	3500
7 1/2	2500	2812 1/2	3125	3437 1/2	3750
8	2666 2/3	3000	3333 1/3	3666 2/3	4000
8 1/2	2833 1/3	3187 1/2	3541 2/3	3895 5/6	4250
9	3000	3375	3750	4125	4500
9 1/2	3166 2/3	3562 1/2	3958 1/3	4354 1/6	4750
10	3333 1/3	3750	4166 2/3	4583 1/3	5000
10 1/2	3500	3937 1/2	4375	4812 1/2	5250
11	3666 2/3	4125	4583 1/3	5041 2/3	5500
11 1/2	3833 1/3	4312 1/2	4791 2/3	5270 5/6	5750
12	4000	4500	5000	5500	6000

TABLEAU

*Donnant les intérêts composés jusqu'à trente ans,
à 4, 4 1/2 et 5 pour cent, sans aucune opération,
pour* un, dix, cent, mille *et* dix mille francs :
*et pour tous les capitaux, par une seule multipli-
cation.* (Voyez pag. 26 et suivantes, Chapitre VI.)

Ans	Facteurs du 4.	Facteurs du 4 1/2.	Facteurs du 5.	Ans	Facteurs du 4.	Facteurs du 4 1/2.	Facteurs du 5.
1	4000	4500	5000	16	87298	102236	118287
2	8160	9202	10250	17	94790	111337	129202
3	12486	14116	15762	18	102581	120847	140662
4	16986	19252	21550	19	110685	130785	152695
5	21665	24618	27628	20	119112	141170	165330
6	26532	30226	34009	21	127876	152023	178596
7	31593	36086	40710	22	136992	163364	192326
8	36857	42210	47745	23	146471	175215	207152
9	42331	48609	55133	24	156330	187600	222510
10	48024	55296	62889	25	166583	200542	238635
11	53945	62285	71034	26	177247	214067	253367
12	60103	69587	79585	27	188337	228200	273515
13	66507	77219	88565	28	199870	242969	292013
14	73167	85194	97993	29	211865	258402	311615
15	80094	93527	107893	30	224310	274550	332194

CHAPITRE VII.

Comptes courans.

Explication aux deux ci-après.

La première colonne intitulée *Dates*, indique les jours des livraisons de marchandises, espèces, remises, etc.

La deuxième colonne (*Sommes*) contient la valeur ou le montant de ces mêmes livraisons.

La troisième colonne (*Échéances*) indique les jours à dater desquels les sommes ou capitaux portent intérêt.

La quatrième (*Jours*) marque le nombre de jours écoulés depuis l'échéance jusqu'au jour du règlement dans le compte ordinaire, et depuis le jour dit *époque* jusqu'à celui de l'échéance, dans le compte dit à *rebours*.

La cinquième et dernière colonne (*Nombres*), enfin, contient la somme des nombres ou intérêts résultant de la multiplication des capitaux par le nombre de jours qui leur correspond.

Instruction et Exemples.

Divers négocians, obligés par la nature de leurs affaires, d'établir des comptes courans à colonne d'intérêts, ou du moins vérifier ceux qui leur sont transmis par des correspondans ou autres, ne savent trop comment s'y prendre, et se trouvent souvent embarrassés pour reconnaître l'exactitude ou l'inexatitude des intérêts mutuels qu'ils contiennent.

Rien de plus facile, pourtant : car ayant obtenu le nombre de jours sur lequel il faut opérer, on n'a qu'à le multiplier par la somme ou le capital qui lui correspond. Le produit de l'opération sera la somme des nombres qui doit figurer immédiatement à la suite des jours.

PREMIER EXEMPLE.

Soit la somme de 850 fr., datée du 8 mars, valeur ce jour ou comptant, cinquième ligne du compte ordinaire, page *Doit*, dont on veut connaître les nombres ou intérêts pour 112 jours, trouvés du 8 mars au 30 juin, époque du règlement.

Multipliez le capital 850 par les jours, vous aurez au produit 952 nombres, après avoir négligé les deux derniers chiffres à droite, comme on le pratique d'ordinaire, vu leur insignifiance au résultat.

DEUXIÈME EXEMPLE.

Soit 1,200 fr., datés du 25 février, valeur au 31 mars, quatrième ligne, page *Doit* du compte à rebours.

Depuis le 31 décembre, époque, jusqu'au 31 mars, échéance du capital donné, trouvant 90 jours, et multipliant le premier nombre par ce dernier, il me vient au produit 1080 pour la somme des nombres, en retranchant toujours les deux chiffres à droite.

S'il y a des décimales ou centimes au capital, qu'on peut négliger en posant la multiplication, comme nous l'avons fait ailleurs, au lieu de deux chiffres on en retranchera quatre.

Ces deux exemples peuvent servir de guide pour les opérations de chaque article du débit comme du crédit de nos deux comptes plus loin.

La balance des comptes courans portant intérêt, est ce qui paraît de plus pénible pour l'esprit des personnes dont j'ai déjà parlé. Les difficultés qu'elles rencontrent d'une et d'autre part, ne viennent sans doute que de ce qu'elles ont rarement occasion d'en dresser ou vérifier.

La manière de balancer un compte courant n'offre pas plus d'obstacle que celle de le solder lors du paiment total : le raisonnement seul diffère.

S'il m'est dû, à l'époque du règlement, je porte

simplement sur la page *Avoir*, le solde ou la balance en ma faveur, l'expliquant par :

A nouveau compte pour balance du présent.

Si au contraire je suis débiteur, je porte cette balance du côté opposé, page *Doit* : solde qui constitue les nouveaux débit et crédit des parties entr'elles.

Mais la différence ou balance des nombres et ses intérêts liquidés, doivent toujours précéder la balance des capitaux que je viens d'énumérer. (Faire ces petits calculs préparatoires sur un papier brouillon, pour mettre leurs résultats au net en leur lieu.)

Si la différence des nombres est en ma faveur, je la porte sur la page du crédit par un article analogue, et ses intérêts liquidés sur celle du débit. Si le contraire arrive, je porte la balance des nombres à la page du dernier, et les intérêts sur celle du premier.

Par exemple, dans notre compte ordinaire, après avoir exécuté l'addition des nombres du débit et de ceux du crédit, je trouve à celui-ci un excédent de 1890 nombres sur celui-là; excédent qu'il faut nécessairement porter sur le premier pour le faire cadrer avec le second : et cette balance étant au profit de mon correspondant, je dois en porter la valeur liquidée à son crédit. Après quoi j'opère la balance finale des capitaux.

Les sommes ou capitaux dont l'échéance est pos-térieure à l'époque du règlement d'un compte courant, donnent lieu aux nombres dits *inverses* ou *rétrogrades*, comme on le voit par les derniers articles du compte ordinaire ; savoir :

Le capital 3,000 fr. daté du 6 juin, ne m'étant dû que le 6 juillet, mais réglé au 30 juin, je dois six jours d'intérêt sur cette somme.

Il en est de même des 2,000 fr. du 22 juin, valeur au 15 juillet, sur laquelle somme je dois quinze jours, et 480 nombres pour les deux sommes réunies, en faveur de mon correspondant, que j'ai portés à son crédit par : *nombres inverses du débit*, 480 ; et par contre 250 à son débit, venant du dernier article de l'*Avoir*, 2,085 fr., valeur au 12 juillet, dont douze jours en ma faveur. On peut réduire ces deux articles en un seul, en portant la différence des nombres *inverses* sur la page à laquelle elle appartient. Elle serait ici à celle du crédit ou *Avoir*.

On aura soin de poser les jours et nombres *inverses* à part des jours et nombres directs, ou en chiffres rouges, pour ne pas les confondre avec ces derniers, auxquels on les joint par le transport d'une page à l'autre, comme plus haut (*voir le modèle*).

On porte aujourd'hui la préférence aux comptes *à rebours* par deux raisons. D'abord aucune échéance, en partant de la première dite époque, et y ramenant toutes les autres, ne donne lieu aux nombres inverses ou indirects. Ensuite on peut porter sur les comptes ouverts du grand-livre ou livre des comptes courans, les nombres ou intérêts de

chaque article, sans égard à l'époque des règlemens, puisqu'elle est toujours comme fixée en tête
de ces sortes de comptes, dont les parties peuvent
se transmettre copie à volonté, et les régler en deux
minutes, sur la demande de l'une à l'autre.

Par cette méthode, tous les articles et capitaux
étant réputés dûs depuis le jour dit *époque*, il
s'ensuit que la somme de 450 fr., première ligne
du compte à rebours, valeur à l'époque fixée, ne
donne point de nombres ou intérêts, tandis que
dans le compte ordinaire il faut les obtenir pour
180 jours, sur la même somme et même échéance.
Donc, tout capital valeur à l'époque établie ou au
jour du règlement, dans l'un ou l'autre compte, ne
produit point de nombres.

Le deuxième article, 640 fr., n'étant échu que
le 15 février, et censé dû lors de l'époque, 31
décembre, je dois quarante-cinq jours trouvés
entre ces deux dates, qui, multipliés par la somme,
donnent 288 nombres en faveur de mon correspondant. Suivant le même ordre et le même principe
jusqu'à la fin, tant pour le débit que pour le crédit,
il arrive que les intérêts du premier sont à son
profit, et réciproquement ceux du second sont au
mien. C'est donc le rebours du compte ordinaire,
et l'exactitude de tous les deux se vérifie l'un par
l'autre.

Pour opérer la balance du dernier compte, au
lieu d'additionner premièrement les nombres, on
commence par les capitaux. Trouvant dans la page

de l'*Avoir* un excédent de 1,110 fr. sur celle de *Doit*, cette somme réputée due par moi depuis l'*époque* jusqu'au 30 juin, j'opère pour obtenir ces nombres ou intérêts sur 180 jours en faveur de mon créancier. Et puisque les intérêts du débit tournent à son avantage, ceux de la différence trouvée sur les capitaux y doivent figurer par un article analogue *(voir le modèle)*.

On conçoit assez que si je donnais cette somme le 30 juin, elle tiendrait lieu de l'article précité quant au produit de ses nombres, et de plus balancerait les capitaux. Tandis que ne la donnant pas, mais la mentionnant en raison des intérêts qu'elle doit, elle est placée en dehors de la colonne des véritables sommes. On conçoit également que si la différence des capitaux était en ma faveur, son article appartiendrait à la page du crédit : les nombres de l'une et de l'autre tournant à mon profit.

Pour éviter toute méprise, on se souviendra que la différence des capitaux et ses nombres appartiennent toujours au côté le plus faible en véritables sommes ; et que les intérêts liquidés et la balance des nombres qui les donne sont constamment d'un seul côté, le plus faible en nombres, et peuvent être insérés dans une seule et même ligne par : « *Intérêts et balance des nombres.* » Au contraire des comptes ordinaires, dont la balance est sur une page, et ses intérêts liquidés toujours sur l'autre, comme dans notre modèle, où ceux-ci sont au crédit et celle-là au débit.

Les intérêts de la balance des nombres, réunis à la différence des capitaux déjà obtenue, forment l'article final dans le compte à rebours de « *à nouveau compte pour balance du présent*» (suit le solde).

On voit que les comptes à rebours sont ainsi nommés à cause de leur direction rétrograde et en sens inverse des comptes ordinaires, pour les nombres ou intérêts.

Les intérêts liquidés des nombres ou de leur balance ne sont autre chose que le sixième de ces mêmes nombres lorsqu'ils sont réglés à 6 p. 0/0.

La multiplication des sommes ou capitaux par les jours donne 36 p. 0/0 par an, en supprimant le dernier chiffre à droite des opérations, et composant tous les mois de trente jours comme ils le sont dans les deux comptes ci-après.

Les banquiers tiennent plus rationnel de suivre les mois tels qu'ils sont au calendrier, parce qu'ils y trouvent un petit revenant bon.

Ce que l'on dit de la balance des nombres divisés par 60, se réduit donc à en prendre le sixième, puisqu'on vient de voir qu'ils donnent 36 p. 0/0 : et le sixième de ce nombre est bien le 6 p. 0/0. En divisant par 60 il faudrait ajouter deux zéros à droite de la balance des nombres, à cause des deux chiffres négligés dans les opérations partielles, tandis qu'au moyen du sixième il suffit d'y en ajouter un seul ou le supposer, pour obtenir les intérêts liquidés en francs et centimes. On aurait le même résultat en ajoutant à la balance des nombres, telle qu'elle est sur nos comptes, ses deux tiers ; le tout réuni serait les mêmes intérêts du six pour cent.

S'ils doivent se régler à tout autre taux, soit au 5, au 4, n'importe, cela ne change rien à la voie indiquée et suivie dans nos deux modèles : seulement au lieu de diviser par 60, ou prendre le sixième comme au 6, on divisera la balance par 72 pour avoir les intérêts à 5 p. 0/0. Par 80 ou le huitième, on les aura à 4 1/2; et par 90 ou le neuvième, on les obtiendra à 4 p. 0/0. Le même neuvième en sus de notre balance les donne encore à ce dernier taux; ajoutez-y son quart, vous les aurez de même à 4 1/2; son tiers et le sixième du tiers en sus les donnent à 5 p. 0/0, comme la division par 72. Quoiqu'on puisse les obtenir à 5 1/2 par la même voie des parties aliquotes, il sera plus commode d'ajouter le dixième au produit du 5, comme nous l'avons pratiqué ailleurs.

Si l'on opère, enfin, au moyen des mêmes parties aliquotes, sur le produit du 6 p. 0/0, le plus familier (ainsi que nous venons de le faire sur celui de 36), comme d'en ôter le douzième pour l'avoir à 5/2; le sixième pour le réduire au 5; le quart pour l'abaisser au 4 1/2; le tiers pour le faire descendre au 4 ; en prendre la moitié pour les réduire à 3 p. 0/0, etc.; on voit que l'on revient aux mêmes résultats. Ces principes, au reste, sont généraux; ils s'appliquent à la balance des comptes courans, ainsi qu'à la liquidation de tous les intérêts, et peuvent servir, au besoin, à vérifier les opérations, de même que les facteurs de nos tables et tableaux d'intérêt simple.

On obtient les intérêts des comptes courans à tout autre taux, n'importe lequel, par les mêmes principes donnés au Chapitre III, page 17. (*Voyez* ci-après, page 59, le moyen donné pour vérifier l'échéance commune et les comptes courans.

COMPTE COURANT

M. N. de Lyon, Doit :

Dates	Sommes	Détails	Échéances	Jours	Nombres
31 décemb. 1810.	150 »	Espèces, valeur ce jour . .	31 décembre.	180	810
15 janvier 1811.	610 »	Marchandise, val.	15 février. .	155	861
10 février. . . .	500 »	Espèces, valeur ce jour . .	10 id. . . .	130	700
25 dudit.	1200 »	Marchandise, val.	31 mars. . .	90	1080
8 mars. . . .	850 »	Idem pour comptant. . .	8 id. . . .	112	952
6 avril.	5000 »	Idem valeur au	6 juillet. . .	«	180
15 juin	2000 »	Divers mandats	15 id. . . .	15	500
16 idem.	2355 »	Marchandise comptant . .	16 juin. . . .	11	526
		Nombres inverses du crédit.	. . . .	. . .	250
		Balance des nombres . . .	. . . .	. . .	1890
1111 50		A nouveau compte pour solde du présent.			
12116 50				180	6872

Le même Compte, dit A REBOURS,

Dates	Sommes	Détails	Échéances	Jours	Nombres
31 décembre. . .	450 »	Valeur ce jour.	31 décembre.	Époq.	
15 janvier. . . .	610 »	Valeur au.	15 février. .	45	288
10 février. . . .	500 »	—	10 idem. . .	30	200
25 dudit.	1200 ·	—	31 mars. . .	90	1080
8 mars. . . .	850 »	—	8 idem. . . .	68	578
6 avril.	5000 »	—	6 juillet. . .	186	5580
15 juin.	2000 »	—	15 idem. . .	195	3900
16 dudit.	2355 »	—	16 juin. . . .	166	3876
		Différence des capitaux, 1110 fr.			
1111 50		A nouveau compte pour balance du présent.	30 idem. . . .	180	1998
12116 50					17500

AVEC INTÉRÊTS.

son Compte avec N. de St-Ambroix , au 30 juin 1841. Avoir.

Dates	Sommes	Détails	Échéances	Jours	Nombres
10 janvier 1811.	850 »	Sa traite sur Nîmes	20 février. . .	130	1105
15 février. . . .	2500 »	En deux mandats.	31 mars. . .	90	2250
18 mars. . . .	1000 »	Espèces, valeur ce jour. .	18 idem. . . .	102	1020
5 avril. . . .	1800 »	Divers mandats encaissés. .	5 avril. . . .	85	1530
8 mai.	3250 »	Divers idem valeur. .	13 juin. . .	15	487
12 juin.	600 »	Espèces, valeur au. . . .	30 idem. . .	250	
Idem.	2085 »	Divers mandats valeur an.	12 juillet. . .	«	480
		Nombres inverses du débit.	. . . .	. . .	
31 50		Intérêts de la balance des nombres.			
12116 50				250	6872

vérifie l'exactitude du précédent.

Dates	Sommes	Détails	Échéances	Jours	Nombres
10 janvier. . . .	850 »	Valeur au.	20 février. .	50	425
15 février. . . .	2500 »	—	31 mars. . .	90	2250
18 mars. . . .	1000 »	—	18 idem. . .	78	780
5 avril. . . .	1800 »	—	5 avril. . .	95	1710
8 mai.	3250 »	—	13 juin. . .	165	5362
12 juin.	600 »	—	30 idem. . . .	180	1080
idem.	2085 »	—	12 juillet. . .	192	4003
31 50		Intérêts et balance des nombres.			1890
12116 50					
1111 50		Créancier à nouveau compte au 30 juin 1811.			17500

CHAPITRE VIII.

Méthode pour trouver l'échéance commune entre plusieurs échéances, n'importe le nombre.

On obtient l'échéance commune en divisant la somme des nombres par celle des capitaux.

S'il y a un reste à la division, et qu'il dépasse la moitié de la somme, *diviseur*, ajoutez un jour au nombre trouvé au quotient qui est l'échéance commune. Dans le cas contraire négligez simplement ce reste.

DOUBLE EXEMPLE.

Supposons les six échéances suivantes :

Sommes.		Échéances.	Jours.	Nombres	Sommes.		Échéances.	Jours.	Nombres
154	»	51 mai. .		Epoque.	151	»	51 mai. .	60	8040
145	»	15 juin. .	15	2145	145	»	15 juin. .	45	6455
296	»	20 idem .	20	5920	296	»	20 idem .	40	11840
58	»	30 idem .	50	1740	58	»	50 idem .	50	1740
516	»	10 juillet.	40	12640	516	»	10 juillet.	20	6320
255	»	30 idem .	60	15180	255	»	30 idem .	. .	»
1200	»			57625	1200	»			34375

On voit d'après ces deux exemples, que j'ai opéré comme je l'aurais fait pour un règlement de compte relativement aux nombres obtenus.

L'un présente un compte réglé à la première échéance dite époque, et peut servir à ceux qui veulent escompter ou accepter l'escompte, qui serait ici de 31 jours sur le total des sommes réunies, s'il était agréé le 31 mai, et de 374 nombres, en négligeant les deux derniers chiffres des opérations partielles, dont je n'ai fait emploi qu'en raison de la division à exécuter; ce qui n'est de rigueur que pour la preuve, et l'on peut même s'en passer, puisqu'en ajoutant deux zéros à la sommes des nombres 374, pour faire la division, on aurait le résultat au degré d'exactitude suffisant. L'escompte liquidé à 6 p. 0/0 serait donc 6 fr. 23 c. que je tire de ses nombres au moyen de leur sixième, exactement comme pour l'intérêt à ce taux; l'escompte des arithméticiens n'étant pas d'usage.

Le second exemple règle les intérêts des capitaux à la dernière échéance comme pour un compte ordinaire, et tous les deux atteignent le même but pour donner l'échéance commune.

En effet, la division des nombres du premier, 37625 par 1200, somme des capitaux, donne au quotient 31 jours pour l'échéance désignée, plus un reste de 425 que je néglige parce qu'il ne dépasse pas la moitié de la somme, *diviseur*.

La division des nombres du second exemple, par la même somme, donne au quotient 28 et un reste de 775, ou 29 jours, parce que ce reste, de la division, dépasse la moitié du nombre diviseur; autre échéance commune qui vérifie l'exactitude de la première, et sert à obtenir le même résultat; voici comment :

En ramenant toutes les échéances à la première, nous avons 31 jours pour l'échéance vraie à escompter, ou à laisser écouler, si le paiement doit s'effectuer sans escompte; ce qui aurait lieu pour notre règlement le 1er juillet, puisque du 31 mai à ce jour, il y a trente-un jours.

Mais en ramenant toutes les échéances à la dernière, la commune étant de 29 jours, on concevra facilement que pour en fixer l'époque, ou rembourser les capitaux sans intérêt, ils seraient dus 29 jours avant la dernière échéance (30 juillet), c'est-à-dire le premier de ce mois, époque réelle de l'échéance, commune, la même obtenue dans le premier exemple.

Donc, en ramenant les échéances à la première l'époque résultant de l'échéance commune vient après; et en opérant sur leur différence à la dernière, ou les ramenant à celle-ci, la même époque est avant d'autant de jours trouvés au quotient de la division.

Au cas de règlement avant la première échéance, après la dernière ou entr'elles, rien ne sera changé aux principes démontrés pour obtenir l'échéance commune; et une fois connue il suffira d'opérer, pour l'intérêt ou l'escompte des capitaux réunis, ainsi qu'on le ferait sur tout capital, dans la proportion du temps couru ou à courir, en rapport avec l'époque déterminée. -- Opération d'intérêt simple.

L'échéance commune se vérifie par la preuve ordinaire de la division qui la donne, et qui doit reproduire le dividende, c'est-à-dire les mêmes nombres ou intérêts de toutes les échéances. Mais pour s'assurer de l'exactitude mathématique de ce résultat sans le secours du second exemple, il faut se bien pénétrer que ceux du premier ne contiennent aucune erreur.

La multiplication de la somme des capitaux par le quotient, vérifiant la division, ne prouve l'exactitude de l'échéance commune qu'autant que la somme des nombres sur laquelle on opère a été obtenue fidèlement. Voici, pour ceux qui en douteront, le moyen de s'en convaincre.

Les intérêts liquidés de chaque échéance, obtenus par toute autre voie que par celle des nombres déjà cherchés (soit au moyen de nos facteurs généraux ou procédés divers), vérifieront ces derniers ainsi que l'échéance commune, en ce que leur total devra être conforme aux intérêts des nombres et de cette échéance, si l'on n'a fait aucune erreur dans les opérations d'une ou d'autre part.

Ce moyen, qui suppose moins de chiffres qu'une seconde colonne de nombres, et dispense aussi de faire une seconde division pour vérifier l'échéance commune, peut servir encore à la vérification des nombres ou intérêts des comptes courans. Au cas d'erreur, la somme des intérêts liquidés ne sera pas en rapport exact avec ceux des nombres. Alors, pour éviter leur examen en détail, on fera la somme de la moitié environ, soit d'une partie des nombres et des intérêts qui leur correspondront : s'il y a juste proportion entr'eux, nul doute que l'erreur sera dans l'autre partie ou moitié de compte, qu'on pourra couper encore, suivant son plus ou moins d'étendue, en opérant de la même façon pour connaître la partie qui renfermera l'erreur, et vérifier cette partie article par article pour la découvrir.

CHAPITRE IX.

Méthode pour effectuer la règle de société sans aucune règle de trois ou de proportion.

La somme des diverses mises de la société étant connue, ainsi que celle des profits ou des pertes, en divisant la seconde par la première, on aura au quotient la partie proportionnelle à multiplier simplement par la mise particulière de chaque associé, pour avoir aux produits leurs bénéfices respectifs.

EXEMPLE.

Trois personnes ont formé une société et versé dans la caisse commune, l'un 6,000 fr., l'autre 4,600 f., et le troisième 3,500 f. : ensemble 14,100 f., qui ont produit, au terme de la société, 4,500 fr. de bénéfices.

Combien revient-il à chaque associé?

Pour exécuter la division de 4500 , profits, par 14100, total des mises, j'ajoute un zéro à la droite du premier nombre, dividende, parce qu'il est plus petit que le diviseur : et je trouve qu'il me vient 0,3 au quotient, ou trois dixièmes (ne pouvant y avoir d'entier), qui suffiraient pour la partie cherchée, ou pour servir de facteur aux trois mises partielles, et donner la part de chacune au produit des multiplications à faire, si la division, étant terminée, n'offrait aucun reste; mais comme elle en donne un qui sera suivi d'autres, je suppose suffisamment de zéros au dividende ou à chaque reste, pour continuer l'opération et obtenir jusqu'à cinq ou six décimales au quotient, afin d'avoir les résultats qui s'ensuivront à un degré d'exactitude satisfaisant.

En procédant de la sorte, je trouve enfin 319149 pour la partie proportionnelle qui, multipliée par 6000, première mise, donne au produit 1,914 fr. 89 c. à son bénéfice, plus quatre décimales qu'on peut négliger. La multipliant également par 4600, mise du second associé, j'obtiens 1,468 fr. 09 c. à son profit; et enfin, par les 3,500 fr. du troisième, je trouve 1,117 fr. 02 c. en sa faveur. Faisant ensuite la somme de ces trois produits, elle me donne le total des bénéfices et prouve l'exactitude des quatre opérations qui la précèdent.

En posant les multiplications (en nombre égal à celui des associés quel qu'il soit), on peut supprimer autant de zéros à droite des mises, lorsqu'elles en contiennent, qu'on a de décimales après les deux premières de la partie proportionnelle. Alors on aura le même nombre à négliger de moins aux produits, qu'on l'aura fait en posant les opérations. Ainsi, au lieu de quatre en superflu comme plus haut, si je retranche les trois zéros de la première mise, je n'aurai qu'une décimale de reste au résultat, et deux seulement aux autres, en supprimant les zéros de leur droite.

La partie proportionnelle obtenue au quotient de la division, est simplement la réduction des profits à l'unité, c'est-à-dire 31 centimes 9149 millionièmes pour un franc. Il est donc facile de concevoir qu'en la multipliant par les diverses mises, elle doit donner la part de chacune aux produits.

Quand le reste final de la division dépasse la moitié du nombre diviseur, on peut forcer la dernière décimale du quotient d'une unité, comme en notre opération, où le reste se trouvant plus fort que la moitié du diviseur, nous avons posé 9 au lieu de 8, pour le dernier chiffre de la partie proportionnelle. Si le reste se trouve inférieur à la moitié précitée, on le peut négliger, la différence qui en résultera sera pour ainsi dire insignifiante, surtout si l'on obtient six décimales au quotient de la division, comme nous l'avons fait. J'ai dit qu'une seule suffirait si elle terminait l'opération. Dans ce cas on lui supposerait un zéro pour avoir les produits désirés en francs et centimes, sans aucun reste.

Si la société est composée de divers temps, on n'aura qu'à multiplier les différentes mises, chacune par son temps respectif, et considérer les nouveaux produits comme la mise de chaque associé, pour ensuite opérer simplement de la manière que nous venons de le faire, et selon notre méthode.

La règle de société ou de répartition sert encore à connaître ce qui est dû par divers acquéreurs d'un bien ou d'une propriété, à un tiers créancier, dans la proportion de leurs acquisitions respectives.

Supposons qu'il me soit dû 4,500 fr., imposés sur une propriété qui s'est vendue 14,100 fr. à trois individus, délégués pour le paiement de ma créance, et que chacun de leurs lots réponde aux capitaux des trois mises du précédent exemple : je n'ai qu'à procéder exactement comme nous l'avons déjà fait, pour savoir que les trois acquéreurs me doivent rembourser les 4,500 fr. dans la même proportion des bénéfices trouvés pour chacun de nos associés.

Les opérations de cette espèce se résolvent donc, en résumé, comme celles des sociétés *.

---

* L'Auteur a l'honneur de prévenir qu'il accueillera avec empressement les observations que les personnes de l'art voudront bien lui communiquer (soit directement, soit à son Éditeur, bureau de l'*Écho* à Alais), sur les améliorations dont son ouvrage pourrait être susceptible, afin d'en faire jouir le public dans une seconde édition. Il leur en témoigne par avance toute sa gratitude.

CHAPITRE X.

SYSTÈME DÉCIMAL.

AVIS.

Tandis que sur tous les points de la France les nouveaux poids et nouvelles mesures sont en activité, il est une contrée (la nôtre) qui, quoique pourvue de tout le nécessaire pour les adopter, continue le système de réduction, permis assez mal à propos dans une époque éloignée.

Ce ne sont pas pourtant les réductions ou comparaisons qui ont causé le mal, encore existant par elles-mêmes : c'est l'abus qu'on en a fait, et qu'on poursuit toujours dans l'application.

Elles ne furent tolérées, sans doute, que pour faire comprendre au commerçant et au consommateur, le rapport exact du vieux système au nouveau, et qu'il revenait au même de se livrer au dernier, avec d'autant plus de raison qu'il y avait obligation de l'adopter.

Mais le plus grand mal, à mon avis, et qui vînt tout déconcerter, c'est l'adoption très-inconsidérée qu'il se fit plus tard de la nouvelle ou grosse livre (à ne parler ici que des poids), et qui porta une confusion entière dans le nouveau système.

Alors chacun se crut autorisé d'user de celui qui serait le mieux à sa portée, au moyen des réductions ou de ses anciens poids qu'il tenait à conserver. En sorte, qu'au lieu de fixer les esprits sur le poids en kilogrammes, la nouvelle livre, avec ses fractions anciennes, ne fit que les embrouiller, les écarter du but, et les laisser, enfin, comme libres d'agir à leur fantaisie, en se conformant à quelques mesures apparentes et sans but réel. — Plusieurs villes importantes le diront mieux que moi. Une des premières, par son commerce et sa population (Marseille), a suivi le mode bâtard et les réductions jusqu'à ce jour.

La nouvelle loi, mise en vigueur dès 1840, est venue réhabiliter les choses et fixer définitivement la marche du système décimal concernant les poids et mesures. Aucune réduction même ou comparaison n'est plus tolérée dans les actes civils, les livres de commerce, ni dans aucun écrit susceptible d'être produit ou faire preuve en justice, à peine d'amende pour les contrevenans. Et si l'on pacifie encore sur certains imprimés des comparaisons, c'est à condition qu'ils favorisent l'adoption du nouveau système, en donnant au commerce et à l'industrie des procédés faciles pour se rendre compte des opérations.

Or, la contrée dont il a été question, ne manque ni de procédés, ni d'imprimés analogues, ni de conception dans l'esprit de ses habitans pour saisir les degrés de comparaison et pour se déterminer à user sans restriction du poids décimal. Mais le commerce des cocons et de la soie paraît y porter obstacle, non pas tant par son importance qu'à cause de cette fourmilière de petits producteurs et filateurs, à modique intelligence, qui murmurent toujours que c'est pour les duper qu'on établit des poids nouveaux, et qu'il ne se passera pas long-temps sans les changer encore..... et puis l'ancienne coutume, comment l'abandonner..... on sait trop combien elle a de charmes, et nos pères la suivaient !.....

Ces motifs surannés à part, tous ceux qui s'obstinent à vouloir user de l'ancien poids dans la crainte de nouveaux changemens à ce relatif, peuvent se rassurer. Le nouveau système, déjà vieux et établi sur des bases certaines de durée, sera perpétuel. Des révolutions peuvent éclater, des royaumes crouler, sans y causer de dérangement, parce qu'il offre d'abord plus de facilité dans son application générale que l'ancien, et qu'il est un dans toute la France, c'est-à-dire le même partout, et depuis long-temps presque généralement suivi chez nous et nos voisins.

Notre pays a donc la conviction de stabilité sur les nouveaux poids et les nouvelles mesures, et de plus l'exemple de la majorité et les lois en vigueur, pour se résoudre enfin à les adopter sans réduction et sans délai. Il y trouvera, sans contredit, avantage et sécurité, il fera disparaître les murmures incessans d'une classe toujours prompte à se récrier et se plaindre, même des meilleures choses.

Et, qu'ils ne s'y trompent pas, les industriels ou commerçans, qui font emploi des réductions, dans les meilleures intentions de se mettre à la portée des gens de la campagne qui leur apportent des cocons ou de la soie, n'en recevront le plus souvent que des plaintes pour salaire.

Achetez et vendez au kilogramme, mais dans son acception pure et simple, sans qu'il soit question de tant le demi ou les 50 kilogrammes, comme on le pratique abusivement dans les villes même d'où l'ancien poids et les réductions ont disparu depuis longues années, ce qui est une réminiscence pénible de la grosse livre inhibée à son tour. Ne parlez donc que de tant le kilogramme ou du véritable cent, et toutes les difficultés s'évanouiront, et deux ans de constance suffiront pour faire oublier l'ancienne comme la nouvelle livre et pour étouffer les murmures et la voix des plaignans.

Pour mieux faire saisir les avantages de stipuler ou convenir au prix du kilogramme, j'ajoute les considérations suivantes :

Si l'on stipule au prix du 1/2 kilogramme ou grosse livre, point d'accord pour trouver le montant d'un certain nombre, contenant des fractions de kilogrammes, tandis qu'au prix de ce dernier, quoiqu'il y ait des décimales ou fractions, telles que, hectogrammes, décagrammes, etc., pour en obtenir le montant, on fait son petit calcul comme sur un nombre entier, tout uniment, et l'on retranche au produit une, deux, trois décimales, selon qu'il s'en trouve à la droite des kilogrammes sur lesquels on opère. Cela se conçoit avec d'autant plus de raison, qu'un seul chiffre de plus ou de moins, compris ou négligé au résultat, le rendrait dix fois plus grand ou dix fois plus petit ; ce qui suppose les erreurs du genre à peu près impossibles. Donc, parfait accord, à la portée des plus faibles intelligences.

Mais, faute d'usage, on ne sait pas non plus avec quelle facilité l'on obtient le prix des sous-multiples, hectogrammes, décagrammes, etc ; la plupart même des commerçans et détaillans ne le comprennent pas. — Cependant rien de plus simple : car pour savoir le prix de l'hectogramme, on n'a qu'à séparer le dernier chiffre à droite de celui du kilogramme ; pour avoir le prix du décagramme il suffit d'en séparer deux ; et enfin trois pour connaître celui du gramme. — Il n'est guère question de ce dernier dans le commerce même en détail.

Supposé donc que l'on ait vendu de la soie à 56 fr. 50 c. le kilogramme : quels sont les prix de l'hectogramme, du décagramme et du gramme ?

Retranchez le dernier chiffre du prix donné, il vous restera 5 f. 65 c. pour un hectogramme ; séparez en deux, vous aurez 56 centimes et demi pour le prix du décagramme ; si vous en séparez trois, vous n'aurez enfin que 5 centimes 65 millièmes pour un gramme. On voit que c'est au moyen du dixième qu'on descend de l'un à l'autre.

Maintenant, veut-on connaître le montant des multiples par dix, sur le même prix du kilogramme?

Ajoutez un zéro à 56 50 , vous aurez 565 fr , 00 pour dix kilogrammes ; doublez ce dernier produit , il vous donnera 1,130 fr. pour 20 kilogrammes ; si vous le multipliez par 3, par 4, par 5, etc , vous aurez le montant de 30, 40 , 50, etc., kilogrammes. Mais il suffira d'ajouter deux zéros au prix du kilogramme, pour obtenir celui du véritable cent, ou le montant de 100 kilogrammes, qui serait ici de 5,650 fr.

Donc, quel que soit le prix du kilogramme, la plus légère connaissance du calcul décimal suffit , pour savoir sans aucune opération ni recherche, le montant de ses sous-multiples et de ses multiples par dix. A l'aide même de ce petit procédé, l'on obtiendra souvent de mémoire et à vue d'œil, le montant d'un nombre de kilogrammes et partie d'iceux ; ce que l'on ne saurait appliquer au vieux système qu'avec bien plus de difficulté et de contention d'esprit.

Pour ceux qui tiennent encore à connaître le rapport du nouveau poids à l'ancien, ainsi que de leurs prix, seulement pour leur propre satisfaction, l'écrivain leur en procurera les moyens sans aucun frais , s'ils n'en sont déjà pourvus.

En attendant, on pourra se servir des suivans :

Rapport des poids et des prix.

Pour réduire l'ancien poids de Beaucaire et le

nôtre en kilogrammes, il le faut multiplier par 4129 et retrancher quatre chiffres ou décimales à droite du produit ; ceux à gauche seront des kilogrammes.

Pour la réduction des kilogrammes à l'ancien poids, il suffit de les multiplier par 2422 et de retrancher trois chiffres pour avoir les livres à gauche. Si l'on veut savoir au juste les onces ou fractions de livre, on n'aura qu'à multiplier les trois décimales supprimées à droite par 16 : en retranchant au nouveau produit le même nombre de chiffres multiplié par 16, le reste à gauche sera les onces ou seizièmes de livre.

Le premier facteur, 4129, multiplié par le prix du kilogramme, donne celui de la livre en francs et centimes, avec deux décimales à négliger ; et le second, 2422, multiplié par le prix de la livre, donne celui du kilogramme ; une décimale seulement à supprimer pour ce dernier au produit, et deux de plus sur l'un et l'autre quand les prix à comparer contiennent des centimes.

Ceux qui suivent la réduction particulière d'Alais, Anduze, etc., n'ont qu'à multiplier leur ancien poids par 41591, pour avoir les kilogrammes et parties de kilogrammes ; et ses derniers, multipliés par 24044 reproduiront l'ancien poids ou le donneront à leur tour.

Le premier facteur, multiplié par le prix du kilogramme, donne également celui de la livre ou de leur ancien poids, comme le second, par le prix de la livre, donne encore celui du kilogramme. Observant de retrancher, au moyen de ces facteurs, un chiffre de plus que par les nôtres qui en contiennent un de moins d'une et d'autre part.

Les uns et les autres, quoique n'étant pas d'une exactitude rigoureuse (les ayant réduits ou simplifiés), le sont toutefois d'une manière suffisante pour les opérations même de la soie, et surtout pour la fin que se propose l'auteur : les donnant seulement comme un moyen de se convaincre qu'il y a moins d'obstacle et beaucoup plus d'avantage à suivre le nouveau système que de s'en tenir obstinément à l'ancien ou user des réductions.

Les jeunes gens terminant leurs études, de retour au foyer domestique, ne se laisseront plus entraîner, comme jusqu'à ce jour, à retomber dans l'embrouillement du vieux système. Ils sauront qu'il est bien plus commode d'opérer constamment sur des nombres entiers ou considérés comme tels, que sur des seizièmes de livre, des huitièmes d'once, des vingtièmes de livre tournois, des douzièmes de sol, etc. Cette facilité, dans toute supputation de comptes et tant d'autres considérations qu'ils sauront encore mieux apprécier en pratique qu'en théorie, se conciliant avec leurs connaissances actuelles et le vœu de la loi, devront les déterminer à se livrer intimement à l'application du système légal, comme d'ailleurs un point essentiel d'ordre, de sécurité, d'intérêt public et particulier.

ERRATA.

Pages.	Lignes.	
6	8	les calculs essentiels, *lisez* les calculs les plus essentiels.
8	6	simples, *lisez* simple.
33	6	(fact. du 5 1/2) 540, *lisez* 550.
53	7	page 17, *lisez* page 19.
56	1	(tableau 6e colonne) 34 mai, *lisez* 31 mai.

www.ingramcontent.com/pod-product-compliance
Lightning Source LLC
LaVergne TN
LVHW022314170726
843503LV00006B/2495

Je continuai, croyant bien faire...

Et fus très étonnée — j'étais bien jeune alors —
de ce qui s'ensuivit.

Mais c'est ma pauvre maîtresse qui fut bien autre-
ment *saisie* le lendemain!

Et me voici rue Drouot...

SALLE Z
SALLE X
SALLE Y

Où je fus adjugée au Directeur des Délacements-
Instantanés. On s'amusait vraiment au foyer des
artistes.

Peut-être un peu moins dans la salle, car lorsqu'il s'agit de rémunérer son personnel, notre Directeur fit du libre-échange, et j'échus en partage au médecin du théâtre. Mon nouveau propriétaire avait un cabinet de consultations contre l'Obésité et me nomma *Conseillère des Grasses*.

Une cliente reconnaissante ayant enlevé cet homme
de génie, son valet de chambre devint maître de mes
destinées. Il me plaça dans un cabinet particulier du
restaurant dont il se rendit acquéreur.

Je fis mes débuts un jour de Mi-Carême.

De joyeux confetti mouchetaient encore mes dorures,
lorsque s'assirent près de moi quatre Messieurs graves
dont la conversation m'apprit qu'il s'agissait d'une affaire
d'honneur.

J'eus la joie de constater que tout s'arrangeait à la
satisfaction générale.

Quel plaisir aussi, pour une glace française, de reflé-
ter l'accueil fait à un noble étranger par deux aimables
Parisiennes !

... Mais une buée de honte me couvrit au dénoue-
ment de l'aventure.

Voulez-vous savoir ce qu'il advint d'une Romanée-
Conti 1865, négligée la veille?

Un beau matin de printemps, je fus témoin d'un
flagrant délit...

Pour la première fois j'assiste à un enterrement de
vie de garçon. Le deuil est conduit par la petite Molaire.

La charmante étoile de l'Alcarazas d'Automne se servit du diamant de condoléance qu'on venait de lui offrir
pour me tatouer dans l'angle gauche.

Molaire
aimes Gaston
A NOTRE CAMARADE

Les camarades du défunt eurent alors l'idée facétieuse de m'envoyer avec leurs cartes collectives en complément de la corbeille de noces... et la bague des fiançailles servit à me couvrir de nouveaux tatouages.

Molaire et Gaston
Yvonne et Gaston

Je reflétai enfin des joies pures!

Lancé dans la politique, mon propriétaire fut élu
député. Il se préparait devant moi aux orages de la
tribune...

Mais bientôt des soucis d'ordre moins moral sem-
blent absorber mon maître...

Il en arrive à ne plus oser me regarder en face.

Un jour, l'appartement changea d'aspect par suite du changement de locataire. Je restai seule, clouée au mur...

Le nouvel occupant était un membre austère de la
Ligue contre la licence des rues.

Il me fit exiler dans une de ses maisons de rapport...

Par une de ces malices auxquelles se plaît le Destin, lorsque après tant de tribulations je me croyais enfin assurée d'une heureuse et paisible vieillesse, je fus brisée comme verre par un clubman trop exubérant et pris de boisson.

IMPRIME

PAR

CHAMEROT ET RENOUARD

19, rue des Saints-Pères, 19

PARIS

PARIS. — TYP. CHAMEROT ET RENOUARD. — 31032.

www.ingramcontent.com/pod-product-compliance
Lightning Source LLC
LaVergne TN
LVHW021800170726
843503LV00007B/2947